BEI GRIN MACHT SICH IHR WISSEN BEZAHLT

AF136899

- Wir veröffentlichen Ihre Hausarbeit,
  Bachelor- und Masterarbeit

- Ihr eigenes eBook und Buch -
  weltweit in allen wichtigen Shops

- Verdienen Sie an jedem Verkauf

Jetzt bei www.GRIN.com hochladen
und kostenlos publizieren

Bibliografische Information der Deutschen Nationalbibliothek:

Die Deutsche Bibliothek verzeichnet diese Publikation in der Deutschen National-
bibliografie; detaillierte bibliografische Daten sind im Internet über http://dnb.d-
nb.de/ abrufbar.

Impressum:

Copyright © 2019 GRIN Verlag
Druck und Bindung: Books on Demand GmbH, Norderstedt Germany
ISBN: 9783346007223

Dieses Buch bei GRIN:

https://www.grin.com/document/495210

Dinah Berger

Persönlichkeitspsychologie. Persönlichkeit und Gesundheit, das Konzept der Selbstwirksamkeit, Stressmodell nach Lazarus

GRIN Verlag

GRIN - Your knowledge has value

Der GRIN Verlag publiziert seit 1998 wissenschaftliche Arbeiten von Studenten, Hochschullehrern und anderen Akademikern als eBook und gedrucktes Buch. Die Verlagswebsite www.grin.com ist die ideale Plattform zur Veröffentlichung von Hausarbeiten, Abschlussarbeiten, wissenschaftlichen Aufsätzen, Dissertationen und Fachbüchern.

Besuchen Sie uns im Internet:

http://www.grin.com/

http://www.facebook.com/grincom

http://www.twitter.com/grin_com

Einsendeaufgabe

Persönlichkeitspsychologie
Alternative B

abgegeben am 23. April 2019

SRH Fernhochschule

Modul: Persönlichkeitspsychologie (BPERPS)

Studiengang: B. Sc. Psychologie

von
Dinah Berger
Studiengang: B. Sc. Psychologie

Inhaltsverzeichnis

Abbildungsverzeichnis

Abkürzungsverzeichnis

Betriebliches Gesundheitsmanagement (BGM)

Selbstwirksamkeitserwartung (SWE)

Weltgesundheitsorganisation (WHO)

1. Die Bedeutung der Persönlichkeit für die Gesundheit

Das vorliegende Kapitel beschäftigt sich mit dem Einfluss von Persönlichkeitsmerkmalen auf die Gesundheit und Krankheit von Individuen sowie dessen Anwendung im betrieblichen Gesundheitsmanagement (BGM). Zunächst sollen die Begriffe „Gesundheit" und „Persönlichkeit" genauer erläutert werden.

Betrachtet man die literarische Datenlage, so lassen sich aus unterschiedlichen Wissenschaften eine Vielzahl an Definitionen für Gesundheit finden (Faltermaier, Leplow, von Salisch, Selg & Ulich, 2017). Während einige Erklärungen die Gesundheit lediglich als Abwesenheit von Krankheit beschreiben, versucht die Weltgesundheits-organisation (WHO) eine positivere Definition zu verfassen: „Gesundheit ist der Zustand eines vollkommenen körperlichen, seelischen und sozialen Wohlbefindens und nicht nur die Abwesenheit von Krankheit und Gebrechen" (Ulich & Wülser, 2015, S.3). Neben kritischen Stimmen zur Vollständigkeit und Stimmigkeit dieser Auffassung, sind die drei Elemente physisch, psychisch und sozial als zentrale Komponenten von Gesundheit weitestgehend akzeptiert (Faltermaier et al., 2017).

Persönlichkeitsmerkmale lassen sich in der Psychologie in zwei verschiedene Gruppen einteilen. Englisch bezeichnet man diese als „Traits" und „States". Unter den Traits werden „sämtliche zeitlich überdauernde Persönlichkeitsmerkmale" (Renneberg & Hammelstein, 2006, S. 61) verstanden. Die States spezifizieren hingegen Eigenschaften, die sich rasch, manchmal sogar im Verlauf eines Tages, ändern können. Die Gesundheitspsychologie interessiert sich besonders für die zeitlich stabilen personalen Eigenschaften, die die physische und psychische Gesundheit beeinflussen, sowie als Schutz- oder Risikofaktor fungieren können (Renneberg & Hammelstein, 2006). Inhaltlich lassen sich kognitive Persönlichkeitseigenschaften, etwa Erwartungen und Überzeugungen sowie affektive Merkmale, die das Erleben und Steuern von Emotionen beeinflussen, unterscheiden (Vollmann & Weber, 2011).

1.1 Zusammenhang von Persönlichkeitsmerkmalen und Krankheit

Mit dem Zusammenhang von Persönlichkeitseigenschaften und Krankheit beschäftigte sich schon früh die Psychosomatik und später die Gesundheitsforschung. Heute fokussieren sich Forscher darauf möglichst interaktive Modelle zu entwickeln, die das komplexe Zusammenspiel zwischen Persönlichkeitseigenschaften und Krankheiten erklären können (Faltermaier et al., 2017). Hierzu lassen sich vier Modelle von Suls und Rittenhouse (1990) sowie Smith und Williams (1992) identifizieren. Drei sollen im folgenden Verlauf vorgestellt werden.

Das erste Modell geht von davon aus, dass Persönlichkeitseigenschaften Einfluss auf biologische Aktivitäten im Körper nehmen und demnach ein direkter Zusammenhang zwischen diesen Merkmalen und der Gesundheit vorliegt. Beispielhaft sind Personen, die sich aufgrund ihrer Persönlichkeit vermehrt Risiko- oder Stresssituationen aussetzen. Individuen der sogenannten Typ-A Persönlichkeit fallen in diese Kategorie. Insbesondere ihre charakterisierende Eigenschaft der „Feindseligkeit" sorgt für einen ständigen Anspannungszustand. Dadurch gerät das körpereigene Stresssystem in einen chronischen Übererregungszustand und wird veranlasst vermehrt das Hormon Noradrenalin auszuschütten. Wissenschaftliche Studien belegten den Zusammenhang zwischen Feindseligkeit als Persönlichkeitsmerkmal und einem erhöhten Risiko an koronarer Herzkrankheit zu erkranken (Faltermaier et al., 2017).

Der zweite Ansatz aus der Gesundheitspsychologie beschreibt den Zusammenhang von Persönlichkeitseigenschaften und Krankheit nicht kausal, sondern als korrelative Beziehung. Dabei wirken biologische Prozesse im Körper zum einen auf die Persönlichkeit und zeitgleich auf das Krankheitsrisiko. Auch hier konzentrierte sich die Forschung bislang lediglich auf koronare Herzerkrankungen (Vgl. Matthews, Deary & Whiteman, 2003).

Das dritte Modell stellt Verhaltensweisen in den Mittelpunkt, die von Persönlichkeitsmerkmalen beeinflusst werden und zu gesundheitsförderlichem oder gesundheitsschädlichem Verhalten führen. Faltermaier et al. (2017) verdeutlichen dies am Beispiel von Personen mit einer ausgeprägten Reizsuche, auch sensation seeking genannt. Aufgrund dieser Eigenschaft lassen sich jene Individuen eher zu gesundheitsschädlichem Verhalten wie übermäßigen Drogen- oder Alkoholkonsum verleiten. Als weiteres Beispiel nennen die Autoren Personen, die aufgrund ihrer

Persönlichkeitseigenschaft gerne wichtige Dinge aufschieben. Sie gehen die Gefahr ein medizinische Vorsorgeuntersuchungen zu verpassen oder sich ärztlichen Anweisungen zu entziehen. Als Resultat zeigt sich auch hier ein negativer Einfluss auf die Gesundheit.

1.2 Gesundheitsrelevante Persönlichkeitsmerkmale

In der Literatur werden verschiedene Persönlichkeitsmerkmale beschrieben, die einen Einfluss auf die Gesundheit ausüben können. Darunter fallen, neben dem bereits erwähnten Typ-A-Muster, auch soziale Unterstützung, Kohärenzgefühl, Kontrollüberzeugung, Optimismus, Selbstwirksamkeit, Neurotizismus, Emotions-regulation und Perfektionismus (Faltermaier et al., 2017). Die beschriebenen Eigenschaften werden im Laufe des Lebens entwickelt, können jedoch auch noch im hohen Alter verändert werden. Im Folgenden sollen exemplarisch die personalen Gesundheitsressourcen „Soziale Unterstützung" und „Kohärenzgefühl" näher erläutert sowie dessen Anwendung im betrieblichen Gesundheitsmanagement (BGM) vorgestellt werden.

1.2.1 Soziale Unterstützung und dessen Anwendung im BGM

Der Prozess der sozialen Unterstützung erfolgt in Interaktion zwischen Unterstützungsgeber und Unterstützungsempfänger mit dem Ziel aktuelle Belastungen des Empfängers zu reduzieren. Leavy definierte die soziale Unterstützung als "the availability of helping relationships and the quality of those relationships" (1983, S. 5). Baumann und Laireiter (1995) zufolge wird soziale Unterstützung nicht nur durch Personen oder Handlungen erlebt, sondern in allen Interaktionen, Erfahrungen oder Erlebnissen, bei denen sich eine Person umsorgt, unterstützt und geliebt fühlt. In der Literatur werden drei Quellen der Unterstützung unterschieden: informationelle, instrumentelle sowie emotionale Unterstützung. Unter der informationellen Unterstützung fallen beispielsweise Ratschläge, Orientierungshilfen oder Informationen, die dem Empfänger als hilfreich erscheinen. Die Instrumentelle Unterstützung wird durch praktische Handlungen des Unterstützungsgeber definiert, etwa finanzielle Hilfe. Das Spenden von Trost und Zuspruch sowie Zuneigung und Vertrauen lässt sich zur dritten Quelle, der emotionalen Unterstützung, zuordnen. Weiterhin unterteilen sich Hilfeleistungen in die tatsächlich erhaltende sowie der wahrgenommenen Unterstützung. Dabei bezieht sich Letzteres auf die weitgreifende Erwartung über geeignete soziale

Unterstützung bei Bedarf verfügen zu können, ohne diese tatsächlich zu erleben (Schröder, 1997).

Die positiven Effekte von sozialer Unterstützung auf die Gesundheit von Individuen konnten von Viswesvaran, Sanchez und Fisher (1999) nachgewiesen werden. Die Forscher stellten sowohl weniger physische als auch psychische Krankheitssymptome fest.

In Bezug auf Belastungen am Arbeitsplatz belegen Untersuchungen den positiven Effekt durch eine gesteigerte Lebens- und Arbeitszufriedenheit, gestärkte Resilienz und Selbstwertgefühl sowie eine Reduktion von psychischen Krankheiten wie Burnout oder Angststörungen. Auf der physischen Seite können Rückenschmerzen oder Herzkreislauf-erkrankungen gemindert, sowie allgemeine Fehlzeiten und Fluktuation reduziert werden (Stadler & Spieß, 2003).

Cohen und Wills (1985) kamen in ihrer Studie zu ähnlichen Ergebnissen. Die Wissenschaftler geben jedoch zu bedenken, dass insbesondere am Arbeitsplatz soziale Unterstützung spezifisch auf die Bedürfnisse der Mitarbeiter angepasst werden muss. Im Kontext des betrieblichen Gesundheitsmanagement konzentrieren sich Fachkräfte vor allem auf die soziale Unterstützung von Führungskräften. Diese üben einen starken Einfluss auf das psychische Wohlergehen ihrer Mitarbeiten aus und sollen durch geeignete Hilfestellungen lernen die Arbeitsbedingungen gesundheitsförderlich zu gestalten. Eine Maßnahme können beispielsweise Teambuilding-Übungen sein, die das Wir-Gefühl stärken. Mitarbeiter, die sich als Teil einer Gesellschaft fühlen, empfinden nachweislich weniger Stress und können etwaige Probleme besser bewältigen (Troger, 2019).

Stadler und Spieß (2003) betonen die besondere Notwendigkeit von sozialen Hilfestellungen bei allen Veränderungen oder neuen Anforderungen die Mitarbeitern entgegengebracht werden. In der betrieblichen Gesundheitsförderung wird das aktuelle Führungsverhalten durch Checklisten gemessen und bewertet. Sofern ein Mangel an sozialer Unterstützung festgestellt wird, werden neben Schulungen für Führungskräfte auch die organisatorischen Rahmenbedingungen begutachtet mit dem Ziel die soziale Unterstützung nachhaltig in der Unternehmenskultur zu verankern (Schröder, 1997).

1.2.2 Kohärenzgefühl und dessen Anwendung im BGM

Mit der Entwicklung des sogenannten Salutogenesemodells versucht der Medizinsoziologe und Stressforscher Aaron Antonovsky die Frage zu beantworten welche Faktoren den Menschen, trotz Vorhandensein von schädlichen Einflüssen, gesund halten. In seinem Konzept befindet sich jede Person in einem stetigen Wechselspiel zwischen Gesundheit und Krankheit. In welche Richtung der Mensch tendiert, wird maßgeblich vom Kohärenzgefühl beeinflusst (Antonovsky, 1987). Etwas vereinfacht versteht Antonovsky darunter als Vertrauen in die Handhabbarkeit des Lebens. Spezifischer speist sich das Kohärenzgefühl aus drei verschiedenen Komponenten: Dem Gefühl der Verstehbarkeit, der Machbarkeit sowie der Sinnhaftigkeit, vgl. Abbildung 1. Folglich kann der Kohärenzsinn als dynamisches Gefühl des Vertrauens beschrieben werden, dass innere und äußere Anforderungen im Leben stets strukturiert und erklärbar sind (Verstehbarkeit) und mit den eigenen zur Verfügung stehenden Ressourcen bewältigt werden können (Machbarkeit). Hier muss angemerkt werden, dass Antonovsky neben den eigenen Kompetenzen auch den Glauben an die Ressourcen anderer Personen oder sogar höheren Mächten miteinschließt. Zudem vertrauen Personen mit einem starken Kohärenzgefühl das neue Herausforderungen positiv und sinnstiftend sind und folglich Engagement und Anstrengungen lohnenswert sein werden (Sinnhaftigkeit). Für Antonovsky stellt die Sinnhaftigkeit aufgrund ihrer motivationalen Ausrichtung die wichtigste der drei Komponenten dar (Bengel, Strittmatter & Willmann, 1998).

Abbildung 1: Komponenten des Kohärenzgefühls. Eigene Darstellung nach Antonovsky (1987)

Das Kohärenzgefühl wird im Laufe der Entwicklung, vor allem bis zum 30. Lebensjahr, gebildet und von der Verfügbarkeit von sogenannten Wiederstandressourcen beeinflusst. Dazu zählen Intelligenz, soziale Unterstützung, kulturelle Faktoren oder auch finanzielle Mittel. Personen mit einem hohen Kohärenzgefühl können flexibel auf Anforderungen und Herausforderungen im Leben reagieren sowie aus geeigneten Widerstandsressourcen auswählen und diese mobilisieren. Im Gegensatz dazu bedienen sich Menschen mit geringem Kohärenzgefühl eher starren Ressourcen, da weniger Möglichkeiten zur Bewältigung vorhanden sind oder wahrgenommen werden. Diese Personen haben meist inkonsistente Lebenserfahrungen gemacht, wurden oft über- oder unterfordert oder haben wenige Anforderungen erlebt, bei denen sie aktiv Einfluss nehmen konnten (Bengel et al., 1998).

Die betriebliche Gesundheitsförderung bedient sich allen drei Komponenten zur Stärkung des Kohärenzgefühls am Arbeitsplatz. Im Kontext der Verstehbarkeit, werden Führungskräfte beraten die zu leistende Arbeit möglichst transparent, strukturiert und geordnet zu vermitteln (Bamberg, Busch & Ducki, 2003). Zusätzlich sind Vorgesetzte gut darin beraten ihr Team auch über Pläne und Ziele des Unternehmens regelmäßig zu informieren. Die Machbarkeit lässt sich positiv durch ein geeignetes Maß an Autonomie und Arbeitsbelastung beeinflussen. Dabei können durch Job-Rotations-Maßnahmen einseitige Belastungen vermieden sowie Über- oder Unterforderungen vorgebeugt werden (Troger, 2019). Die Komponente der Bedeutsamkeit kann gestärkt werden, indem Mitarbeiter Handlungsspielraum und Möglichkeiten zum aktiven Einbringen ihrer Arbeitskraft erhalten. Udris und Rimann (2000) untermauern diese Empfehlungen und ergänzen den positiven Einfluss durch soziale Unterstützung, Mitbestimmungsrechten und Aufgabenvielfalt auf das Kohärenzgefühl von Arbeitnehmern. Ferner konnten finnische Wissenschaftler in einer ihrer Studien nachweisen, dass die Reflektion von persönlichen Zielen, Werten und Verhaltensmustern das Kohärenzgefühl bei Mitarbeitern mit einer Burn-Out Erkrankung nachhaltig stärkt. Die Befähigung des Erkennens und Anwendens von vorhandenen Ressourcen wird im BGM auch als „Empowerment" beschrieben (Kähönen, Näätänen, Tolvanen & Salmela-Aro, 2012).

2.   Das Konzept der Selbstwirksamkeit

Einige Menschen ergreifen Aufgaben, ungeachtet ihrer Fähigkeiten, mit Freude und lassen sich auch bei etwaigen Schwierigkeiten nicht von ihrem Ziel abbringen. Andere riskieren nicht einmal einen Versuch oder geben bei den ersten Hindernissen vorschnell auf. Welche Fähigkeit unterscheidet diese Personen? Welche Eigenschaft befähigt uns Menschen unsere Ziele zu verfolgen oder Verhaltensweisen zu ändern? Das Konzept der Selbstwirksamkeit widmet sich diesen Fragen und wurde vom amerikanischen Psychologen Albert Bandura in den 1970er Jahren entwickelt. Bandura definiert die Selbstwirksamkeit als: „The basic premise of self-efficacy theory is that people's beliefs in their capabilities to produce desired effects by their own actions" (Bandura, 1997, S. 7).

In seiner sozial-kognitiven Theorie erklärt Bandura wie menschliches Verhalten sowie Lernprozesse entstehen und welche sozialen und kognitiven Prozesse diese fördern bzw. hemmen (Bandura, 1977). Bandura ist überzeugt, dass menschliches Verhalten vor allem durch Erwartungen an die Zukunft motiviert ist. Dabei unterscheidet er zwischen Handlungen, die aufgrund von Selbstwirksamkeitserwartungen (kurz: Selbst-wirksamkeit) ausgeübt werden und solchen, die von einer Ergebniserwartung geleitet sind. Bandura beschreibt die Selbstwirksamkeit als wichtigsten Faktor für die Überzeugung eine Handlung erfolgreich durchführen zu können. Menschen mit einer hohen Selbstwirksamkeitserwartung werden schwierigere Herausforderungen annehmen, ihre Ziele beharrlicher und konstanter verfolgen sowie besser mit Rückschlägen umgehen. Zusätzlich attribuieren diese Personen Misserfolge meist mit zu geringen Anstrengungen und nicht grundsätzlich mit mangelnden Fähigkeiten und Kompetenzen (Bandura, 1991). Collins (1984) geht sogar davon aus, dass Selbstwirksamkeit der entscheidende Faktor bei der Frage ist, ob eine Aktivität oder Handlung als interessant wahrgenommen wird. Die Selbstwirksamkeitserwartung übertrifft die tatsächlichen Kompetenzen des Individuums. Schwarzer definiert den Begriff wie folgt: „Selbstwirksamkeitserwartung ist die subjektive Gewissheit, neue oder schwierige Anforderungssituationen aufgrund eigener Kompetenz bewältigen zu können." (2002, S.521).

Die Ergebnis- oder auch Handlungserwartung bezieht sich im Gegensatz zur Selbstwirksamkeit nicht auf das Selbst, sondern auf universelle Zusammenhänge.

Beispielsweise verfügen Schüler über die notwendige Handlungserwartung, wenn sie wissen, dass grundsätzlich der Erwerb von Wissen zu schulischem Erfolg führt. Dies belegt jedoch noch nicht, ob sich Schüler auch selbst dazu befähigt fühlen das notwendige Wissen anzueignen (Bandura, 1997). Die Abbildung 1 zeigt den Zusammenhang von Selbstwirksamkeits- und Handlungserwartungen in der sozial-kognitiven Theorie von Bandura.

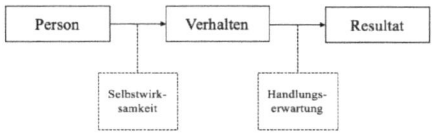

Abbildung 2: Darstellung des Unterschieds zwischen Selbstwirksamkeits- und Handlungserwartung. Eigene Darstellung in Anlehnung an Bandura (1977)

Sobald beide Voraussetzungen gegeben sind, Personen sowohl ein bestimmtes Ergebnis durch eigene Handlungen erwarten sowie sich selbst in der Lage sehen diese Leistung zu erbringen, steigt die Wahrscheinlichkeit, dass Verhaltensweisen aufgenommen oder Handlungen durchgeführt werden (Bandura, 1977).

2.1   Quellen der Selbstwirksamkeit

Die Selbstwirksamkeit wird nach Bandura durch vier Quellen beeinflusst: Physiologische Hinweisreize, verbale Verstärkung sowie stellvertretende- und eigene Erfolgs-erfahrungen (Bandura, 1997). Die einzelnen Quellen sollen im Folgenden näher erläutert werden.

Unter den physiologischen Hinweisreizen (engl. *physiological and affective states*) können sämtliche emotionale Erregungszustände, wie beispielsweise Herzrasen, zittern oder feuchte Hände verstanden werden. Treten diese körperlichen Empfindungen vor bevorstehenden Aufgaben oder unter Druck auf, so kann das dazu führen, dass Menschen ihre Handlungsressourcen als unzureichend einstufen. Negativ empfundene körperliche Symptome führen somit zu einer Schwächung der Selbstwirksamkeit. Abhängig von der Schwierigkeit der Aufgaben kann ein gewisses Aktivierungslevel jedoch auch hilfreich sein. Entscheidend ist, wie die erlebten körperlichen Reaktionen bewertet werden. Diejenigen, die eigene Unfähigkeit attribuieren, schwächen die Selbstwirksamkeit stärker, als diejenigen, die die Erlebnisse als natürliche Reaktion bewerten. Bei der Förderung von Verhaltensänderungen ist es somit ratsam negative Erregungszustände zu minimieren oder falsche Interpretationen zu korrigieren. Bandura beschreibt die physiologischen Hinweisreize als schwächste der vier identifizierten Quellen der Selbstwirksamkeit (Bandura, 1997).

Der Faktor verbale Verstärkung (engl. *verbal persuasion*) kann sich stärkend aber auch schwächend auf die Selbstwirksamkeit auswirken. Das Verbalisieren von Vertrauen in die Handlungsfähigkeit einer Person, beeinflusst die Selbstwirksamkeit positiv. Im Umkehrschluss bewirken verbale Abwertungen meist das Gegenteil. Bandura betont, dass positives Feedback besonders stark wirkt, wenn sich dabei auf die Erfolge und Fähigkeiten der Person beschränkt wird. Betonen Feedbackgeber hingehen zeitgleich den vermeidlichen Aufwand, der zur Bewältigung der Erfolge notwendig war, so wird die positive Wirkung auf die Selbstwirksamkeit gehemmt. Grundsätzlich sind verbale Verstärkungen nur so erfolgreich, wie kompetent und vertrauenswürdig die Person wahrgenommen wird. Zudem korreliert der Zuspruch von außen immer mit den individuell erlebten Fähigkeiten. Die Übereinkunft kann schwach, mittel oder stark ausgeprägt sein (Bandura, 1997). Bandura empfiehlt: „Efficacy beliefs are best instilled by presenting the pursuit as relying on aquirable skills, structuring activities in masterable steps that ensure a high level of initial success, and providing explicit feedback of continued progress" (Bandura, 1997, S. 105).

Das Beobachten von Modellpersonen (engl. *vicarious experiences*) stellt eine weitere Quelle der Selbstwirksamkeit dar. Unter Modellpersonen können jene Mitmenschen verstanden werden, die über ähnliche Fähigkeiten, Verhaltensweisen oder Erfahrungen verfügen. Beobachten Individuen, dass diese Personen erfolgreich handeln, steigt die eigene Selbstwirksamkeitserwartung und der Ansporn dieses Verhalten zukünftig auch umzusetzen. Besonders hoch ist diese Korrelation bei jenen, die sich über ihre eigenen Fähigkeiten, beispielsweise aufgrund von geringen Erfahrungswerten, nicht bewusst sind (Bandura, 1977). Es muss jedoch erwähnt werden, dass das stellvertretende Beobachten nicht unter allen Umständen zu Selbstwirksamkeitserhöhung führt. Besonders, wenn Individuen das Gefühl haben von den Modellpersonen und ihren Leistungen überrannt und überboten zu werden, sinkt das Vertrauen in die eigenen Fähigkeiten. Im Gegensatz dazu steigt der Glauben in die eigene Kraft, wenn der soziale Vergleich positiv ausfällt. Dies kann auch der Fall sein, wenn die stellvertretende Person in ihrem Vorhaben scheitert, die eigenen Fähigkeiten jedoch als größer wahrgenommen werden. Welche stellvertretenden Personen zur Verfügung stehen wird maßgeblich von sozialen und kulturellen Gegebenheiten beeinflusst. Neben realen Mitmenschen, können auch visuelle Medien eine Plattform für symbolische Erfahrungen darstellen (Bandura, 1997).

Als vierter und bedeutsamster Einflussfaktor auf die Selbstwirksamkeit werden von Bandura eigene Erfolgserfahrungen (engl. *mastery experiences*) angesehen (Bandura, 1997). Die erfolgreiche und wiederholte Bewältigung von Verhaltensweisen oder Handlungen stärkt die Selbstwirksamkeit besonders, wenn der Erfolg persönlichen Fähigkeiten zugeschrieben wird (interne Kausalattribuierung). Schafft ein Mann beispielsweise aus dem Stand 25 Bahnen im Schwimmbad und schreibt diese Leistung seiner guten Kondition zu, so steigt die persönliche Selbsteinschätzung beim nächsten Mal, noch mehr leisten zu können. Der gewünschte Effekt tritt jedoch nur auf, wenn die bewältigte Aufgabe als Herausforderung erlebt wird. Folglich führt die Bewältigung von einfachen, bereits bekannten Aufgaben zu keiner Steigerung der Selbstwirksamkeit. Das Gleiche kann bei Handlungen auftreten, bei denen Individuen während der Ausübung unbekannte Schwächen von sich entdecken und wahrnehmen. Ein weiterer Einflussfaktor auf die Selbstwirksamkeit sind die individuellen Anstrengungen, die für die Bewältigung aufgebracht werden müssen. Sind diese besonders hoch, resultiert bei einigen Personen das Gefühl nur unzureichende Fähigkeiten zu besitzen. Trotz Erfolgserfahrung wird die Selbstwirksamkeit auch hier gehemmt (Bandura, 1997). Abbildung 3 verdeutlicht die vier Quellen und ihren Einfluss auf die Selbstwirksamkeit.

Abbildung 3: Die Quellen der Selbstwirksamkeitserwartung, Bandura (1997). Die Pfeilstärken verdeutlichen wie stark der Einfluss der Quellen auf die Selbstwirksamkeit ist (Renneberg & Hammelstein, 2006)

2.2   Selbstwirksamkeit bei der Erstellung der Bachelorarbeit

Aus den zuvor beschriebenen Definitionen wird deutlich, dass Personen mit hoher Selbstwirksamkeit stärker intrinsisch motiviert sind, Wiederstände leichter überwinden sowie bei Misserfolgen weniger starke Enttäuschung erleben. Folglich liegt die Vermutung nahe, dass die Selbstwirksamkeit auch Einfluss auf den Erfolg von Studenten bei der Erstellung ihrer Bachelor Thesis haben kann. Multon, Brown und Lent (1991) belegen diese These und beschreiben Selbstwirksamkeit als einen wichtigen, jedoch nicht alleinigen, Faktor zur Vorhersage von akademischen Erfolg. Weitere Studien kamen zu ähnlichen Ergebnissen (Vgl. Chemers, Hu & Garcia, 2001; Lane & Lane, 2001). Die Abschlussarbeit stellt für Studenten einer der wichtigsten Erfolgsfaktoren im Studium dar. Mit erfolgreicher Abgabe erlangen Studenten ihren akademischen Bachelor-abschluss. Zudem zählt die Thesis meist stärker in die Abschlussnote ein, als zuvor belegte Module. Nach Meinung von Askar und Davenport (2009) zeigen Studenten mit geringer Selbstwirksamkeit bei auftretenden Schwierigkeiten oder Problemen eher Vermeidungsverhalten, anstatt wie ihre selbstwirksamen Kommilitonen geeignete Lösungsstrategien anzuwenden. Bezieht man diese Erkenntnisse auf das Erstellen der Abschlussarbeit, so besteht bei jenen Studenten die Gefahr, dass das Schreiben der Arbeit zu spät begonnen wird oder das Ergebnis aufgrund von unzureichender Planung nicht zufriedenstellend ausfällt.

Die Selbstwirksamkeit wurde im Hinblick auf Leistung, Motivation, Selbstregulation sowie Lese- und Schreibfähigkeiten umfassend wissenschaftlich untersucht. Die Studien konzentrierten sich jedoch überwiegend auf Schulkinder und der Entwicklung ihrer Fähigkeiten (Vgl. Meier, McCarthy & Schmeck, 1984; Shell, Murphy & Bruning, 1989). Nur wenige Studien untersuchten den Zusammenhang in akademischen Settings. Prat-Sala und Redford (2012) versuchten diese wissenschaftliche Lücke zu schließen und hinterfragten welchen Effekt die Selbstwirksamkeit im Lesen und Schreiben auf die Leistung von grundständigen Studenten bei Essays einnimmt. Dazu befragten sie 145 Studenten in ihrem ersten und zweiten Jahr des Studiums der UK University. Die Ergebnisse belegen einen signifikanten Zusammenhang von Selbstwirksamkeit und Lese- bzw. Schreibfähigkeiten. Zusätzlich konnten Part-Sala & Redford zeigen, dass sich beide Formen der Selbstwirksamkeit unabhängig voneinander positiv auf die Schreibfähigkeiten auswirken. Folglich fordern die Forscher ihre zweidimensionale Befragung von der sogenannten „Writing Self-efficacy" und der „Reading Self-efficacy" auch in zukünftigen Forschungsarbeiten mit Studenten beizubehalten. Prat-Sala und Redford (2012) fanden ebenso heraus, dass Studenten aus dem zweiten Studienjahr eine höhere Selbstwirksamkeit im Schreiben zeigten als ihre Kommilitonen aus dem ersten Jahr. Nach Meinung der Wissenschaftler lässt sich dies auf die von Bandura beschriebenen Erfolgserfahrungen, als stärkste Quelle der Selbstwirksamkeit, zurückführen. Sie vermuten, dass die erfahreneren Studenten bereits häufigere Erfolgserfahrungen im Schreiben von Essays gemacht haben und demnach eine höhere Selbstwirksamkeit zeigen. Lane, Devonport, Milton und Williams (2003) untersuchten den Einfluss von Selbstwirksamkeit auf den Erfolg bei der Abschlussarbeit von Sportstudenten. Die Forscher konnten zeigen, dass die Selbstwirksamkeit Einfluss auf sechs Parameter hatte: Motivation, Planung, das Nutzen von Hilfsangeboten, Theorieverständniss, Zeitmanagement sowie auf das eigentliche Schreiben der Abschlussarbeit.

Die beschriebenen Ergebnisse belegen die Wichtigkeit die Selbstwirksamkeit von Studierenden zu stärken, um den Schreibprozess der Studenten zu unterstützen sowie die Ergebnisse in den Abschlussarbeiten zu verbessern. Lane et al. (2003) empfehlen verschiedene Strategien, die sich auf drei der vier von Bandura beschriebenen Quellen der Selbstwirksamkeit beziehen. Die Handlungen können von Lehrkräften motiviert und gefördert, jedoch auch vom Studenten eigenständig umgesetzt werden. Die nach Bandura stärkste Quelle für Selbstwirksamkeit, die eigenen Erfolgserfahrungen, erleben Studenten, indem sie sich herausfordernde Ziele setzen sowie ihre Leistungsfortschritte regelmäßig überprüfen. Studenten mit geringer Selbstwirksamkeit erhöhen ihren Glauben in die eigenen Kompetenzen am ehesten über klar definierte Aufgaben, etwa dem Lesen und Bewerten eines wissenschaftlichen Artikels innerhalb einer Woche. Durch diese klare Zielformulierung von Dozenten, fällt es Studenten einfacher zu erkennen wie die Aufgabe erfolgreich bewältigt und Erfolgserlebnisse erzielt werden können. Die zweitstärkste Quelle, die stellvertretenden Erfolgserlebnisse, können durch physische oder virtuelle Lerngruppen im Studium erfahren werden. Die Studenten erleben Unterstützung und stärken ihre Selbstwirksamkeit durch das Beobachten von erfolgreichen Bewältigungsstrategien ihrer Mitstudenten. Weiterhin fördert der Zusammenhalt den Austausch von Lösungsstrategien und Hilfestellungen untereinander.

Das positive verbale Feedback, stellt einen weiteren wichtigen Beeinflussungsfaktor dar, der besonders von Dozenten gelebt und berücksichtigt werden sollte.

3.   Stress

Obwohl der Begriff Stress heute weit verbreitet ist, ist er keine moderne Erscheinung. Stress ist bereits seit dem 17. Jahrhundert aus der Medizin bekannt. Im 18. und 19. Jahrhundert verbreitete sich der Terminus auch in der Physik sowie in den Bio- und Geisteswissenschaften. Da Stress in vielen verschiedenen Wissenschaften verwendet wird, existieren ebenso viele unterschiedliche Definitionen. Stress wird somit häufig als Regenschirmbegriff bezeichnet, der verschiedene Wissenschaften und deren Stresskonzepte einschließt. Grundsätzlich lässt sich Stress als spezifische oder unspezifische Antwort auf äußere oder innere Anforderungen definieren. Das Ausmaß der Reaktion hängt von dem individuellen Bewertungsprozess ab. Der Körper versucht stets einen inneren Gleichgewichtszustand, die Homöostase, aufrecht zu erhalten und wirkt Stressreizen von außen mit Adaptionen entgegen (Lazarus & Folkman, 1984).

3.1   Das transaktionale Stressmodell von Lazarus & Folkman

Es werden im Allgemeinen reaktionsorientierte-, reizorientierte- und transaktionale Stressmodelle unterschieden. In den transaktionalen Modellen wird Stress als eine Beziehung zwischen Person und Umfeld betrachtet. Die transaktionale Stresstheorie von Lazarus und Folkman (1984) gilt als eine der meist verwendeten Ansätze in der Psychologie und soll im Folgenden näher erläutert werden.

Lazarus und Folkman beziehen in ihrem umfangreichen Stressmodell individuelle Voraussetzungen, Bewältigungsstrategien, Konsequenzen sowie Emotionen mit ein. Terminologisch besteht das Konzept aus zwei Bestandteilen: Kognition und Transaktion. Mit dieser Theorie wiedersprachen die Wissenschaftler deutlich den Behavioristen, die den Einfluss von Bewusstsein auf Verhalten zu Lazarus Zeiten negligierten. Er geht davon aus, dass jede Person ihre Umwelt in unterschiedlicher Art und Weise wahrnimmt und kognitiv bewertet. Folglich kann ein und dieselbe Situation von Personen als stressreich oder aber auch als Herausforderung erlebt werden. Ursache sind die unterschiedlichen Bewältigungsstrategien und Ressourcen der Menschen (Knoll, Scholz & Rieckmann, 2005). Das transaktionale Stressmodell setzt jeder Stresserfahrung eine kognitive Bewertung voraus. In dieser sogenannten Primärbewertung (engl. *primary appraisals*) wird eingeschätzt, ob eine Situation Auswirkungen auf das Wohlergehen haben kann. Gleichzeitig werden in der Sekundärbewertung die eigenen Ressourcen auf die Anforderungen hin überprüft (engl. *Secondary appraisal*). Die Richtung der Einschätzung speist sich überwiegend aus konstanten Eigenschaften wie persönlichen Motiven, Werten, Zielen oder Erwartungen. Nach Lazarus und Folkman kann folglich erst von Stress gesprochen werden, wenn die Situation selbst als stressauslösend bewertet wird (Primärbewertung) und die individuellen Handlungsmöglichkeiten (Ressourceneinschätzung) überstiegen werden. Je nach Bewertung, können Personen neben Stress auch Bedrohung oder Verlusterfahrungen machen. Diese werden häufig von Gefühlen der Angst, Furcht oder Traurigkeit begleitet. Im Umkehrschluss führt eine positive Bewertung der Situation zu angenehmen Emotionen (Knoll et al., 2005). Lazarus und Folkmann definieren Stress daher wie folgt „a particular relationship between the person and the environement that is appraised by the person as taxing or exceeding his or her resources and endangering his or her well-being" (Lazarus & Folkman, 1984, S. 19).

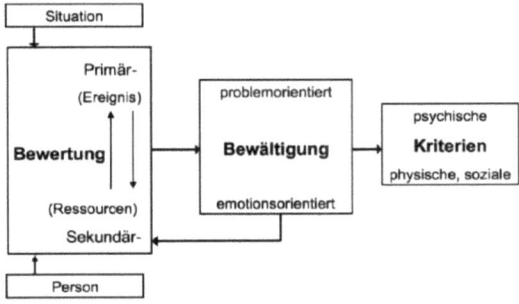

Abbildung 4: Das transaktionale Stressmodell von Lazarus nach (Lazarus & Folkman, 1987)

3.2   Emotionsbezogenes und problembezogenes Coping

Im transaktionalen Stressmodell von Lazarus & Folkman werden zwei verschiedene Stressbewältigungskonzepte unterschieden: Das emotionsbezogene- sowie das problembezogene Coping (Knoll et al., 2005). Die beiden Ansätze sollen im Folgenden anhand von Beispielen genauer erläutert werden.

Emotionsorientierte Bewältigungsstrategien kommen überwiegend in Situationen zu tragen, die aktiv nicht von betroffenen Personen verändert oder nur schwer kontrolliert werden können. Die Bewältigung erfolgt dabei durch den Versuch die Emotionen zu verändern und Situationen kognitiv umzustrukturieren. Laut Knoll et al. (2005) wird das emotionsbezogene Coping häufig in Phasen schwerer Erkrankungen oder medizinischen Behandlungen angewendet, um Hoffnung und Optimismus beibehalten zu können. Lazarus fügt als Beispiele für die kognititve Umstrukturierung von belastenden Situationen Aussagen wie „I decided there are more important things to worry about", oder „I considered how much worse things could be" an (Lazarus & Folkman, 1984, S.150).

Sobald Personen die Möglichkeit sehen auf eine stressreich erlebte Situation Einfluss nehmen zu können, bieten sich vermehrt problemorientierte Strategien zur Bewältigung an. Individuen bemühen sich dann ihre persönliche Lage durch ein aktives Eingreifen in die Umweltbedingungen zu verbessern. Beispielhaft nennt Knoll et al. (2005) Schüler oder Studenten in einer stressigen Prüfungsphase. Durch eine umfassende Vorbereitung auf Prüfungen, können die Studenten ihre Situation positiv beeinflussen. Die Autoren geben jedoch zu bedenken, dass der positive Nutzen durch eine subjektive Fehleinschätzung der eigenen Kompetenzen und Einflussmöglichkeiten zunichte und Stresserleben sogar verschlimmert werden kann. Diese subjektive Situationseinschätzung wird auch als sogenannte Passungshypothese (engl. *Goodness-of-Fit-Hypothesis*) bezeichnet.

Folkman und Lazarus (1980) stellten in einer Studie anhand von 1.300 untersuchten Stresssituationen fest, dass die Teilnehmer zu 98 Prozent emotions- und problemorientierte Bewältigungsstrategien zusammen anwendeten. Die Ergebnisse legen nahe, dass ein Stressor häufig aus zwei Stressquellen besteht und daher auch zwei unterschiedliche Bewältigungsstrategien benötigt werden.

3.3 Coping Ressourcen

Im Gegensatz zu Antonovsky beschreiben Lazarus und Folkman (1984) Ressourcen nicht nur als Puffer für Stressbelastungen, sondern als notwendige Voraussetzung für die Anwendung von Coping Strategien (vgl. Kapitel 1). Die protektiven Faktoren, die Individuen im Laufe ihres Lebens anwenden sind so vielfältig, dass sie nicht alle kategorisiert werden können. Es werden daher sechs Hauptkategorien zusammengefasst:

1) Gesundheit & Energie (engl. *Health & Energy*)
2) Positive Glaubenssätze (engl. *Positive Beliefs*)
3) Problemlösefähigkeiten (engl. *Problem-solving Skills*)
4) Soziale Fähigkeiten (engl. *Social Skills*)
5) Soziale Unterstützung (engl. *Social Support*)
6) Finanzielle Mittel (engl. *material resources*). (Lazarus & Folkman, 1984, S. 159-164).

Nach Lazarus und Folkman (1984) sind gesunde und zufriedene Personen eher befähigt geeignete Bewältigungsstrategien anzuwenden, als diejenigen, die krank oder energielos sind (1). Auch positive Glaubenssätze, vor allem positive Selbsteinschätzungen, stellen eine starke positive Ressource für Copingverhalten dar (2). Besonders bedeutend sind diese für kranke Menschen, die sich emotionsorientierten Bewältigungsstrategien bedienen müssen, vgl. Kapitel 3.2. In Studien mit Patienten der Atemwegs- und Herzerkrankungen erwies sich das Gefühl der Hoffnung sowie die Selbstwirksamkeitserwartung als besonders förderlich beim Umgang mit Belastungen. Die positiven Auswirken von Selbstwirksamkeit wurden bereits in Kapitel 2 erläutert. Ebenso können optimistische Gedanken im Falle einer Krankheit zur schnelleren Genesung beitragen. Während pessimistische Personen nach schweren Krankheiten oder Operationen Symptome eher unterdrücken, versuchen Optimisten aktiv Informationen einzuholen, um ihre Situation langfristig zu verbessern (Schwarzer, 2004). Die Ergebnisse in der Literatur weisen zudem darauf hin, dass personale Ressourcen im Krankheitsfall stärker wirken, als soziale Faktoren wie beispielsweise die soziale Unterstützung (5). (Vgl. Schröder, Schwarzer & Konertz, 1998).

Im Beispiel der Studenten im Prüfungsstress (vgl. Kapitel 3.2) sind die sozialen Fähigkeiten (4) sowie die soziale Unterstützung (5) als weitaus bedeutender einzuschätzen. Studenten mit guten sozialen Fähigkeiten verfügen über bessere Ressourcen mit Stresssituationen umzugehen, da sie Stressoren als kontrollierbarer empfinden und sozial angepasster agieren. Dies führt wiederrum zu einer Steigerung an zur Verfügung stehender sozialen Unterstützung (Lazarus & Folkman, 1984).

Studien zeigten, dass Studenten gesünder, engagierter und arbeitsfähiger blieben, je mehr soziale Unterstützung sie im Studium erhielten. Universitäten können diese Ressource durch die Errichtung von ausreichend Begegnungsstätten auf dem Campus unterstützen (Peters, Spanier, Radoschewski, Mohnberg & Bethge, 2015). Zusätzlich beziehen Studenten mit ausreichend finanziellen Mitteln (6) einfacher Hilfe bei der Vorbereitung von Prüfungen in Form von Nachhilfeunterricht und können Belastungssituationen schneller abschwächen. Unter die Problemlösefähigkeiten (3) fallen eine ganze Reihe an unterschiedlichen Skills wie beispielsweise das genaue Abwägen von Handlungs-alternativen, das Erstellen von Plänen oder das Besuchen eines Vorstellungsgespräches, um einen neuen Job zu bekommen. Lazarus und Folkman (1984) beschreiben diese Fähigkeiten als abhängig vom intellektuellen Status sowie der Selbstkontrolle eines Menschen. Studenten werden in stressreichen Situationen vermeintlich eher Problemlösefähigkeiten zur Stressreduktion anwenden können, als kranke oder geschwächte Personen.

Literaturverzeichnis

Antonovsky, A. (1987). *Unraveling the mystery of health: how people manage stress and stay well*. San Francisco: Jossey-Bass.

Askar, P. & Davenport, D. (2009). An investigation of factors related to self-efficacy for Java Programming among engineering students. *The Turkish Online Journal of Educational Technology, 8*(1).

Bamberg, E., Busch, C. & Ducki, A. (2003). *Stress- und Ressourcenmanagement: Strategien und Methoden für die neue Arbeitswelt*. Mannheim: Huber.

Bandura, A. (1977). Self-efficacy: toward a unifying theory of behavioral change. *Educational Psychologist, 84*(2), 191.

Bandura, A. (1997). *Self-Efficacy: The Exercise of Control*. New York: Worth Publishers.

Baumann, U. & Laireiter, A. (1995). Individualdiagnostik interpersoneller Beziehungen. *Enzyklopädie der Psychologie: Grundlagen und Methoden der Differentiellen Psychologie, 1*, 609-643.

Bengel, J., Strittmatter, R. & Willmann, H. (1998). *Was erhält Menschen gesund ? Antonovskys Modell der Salutogenese - Diskussionsstand und Stellenwert; eine Expertise*. Köln: BZgA.

Chemers, M. M., Hu, L. & Garcia, B. F. (2001). Academic self-efficacy and first year college student performance and adjustment. *Journal of Educational psychology, 93*(1), 55.

Cohen, S. & Wills, T. A. (1985). Stress, social support, and the buffering hypothesis. *Psychological bulletin, 98*(2), 310.

Collins, J. L. (1984). *Self-efficacy and Ability in Achievement Behavior.* Stanford: Stanford University.

Faltermaier, T., Leplow, B., von Salisch, M., Selg, H. & Ulich, D. (2017). *Gesundheitspsychologie.* Stuttgart: Kohlhammer Verlag.

Folkman, S. & Lazarus, R. S. (1980). An analysis of coping in a middle-aged community sample. *Journal of health and social behavior*, 219-239.

Kähönen, K., Näätänen, P., Tolvanen, A. & Salmela-Aro, K. (2012). Development of sense of coherence during two group interventions. *Scandinavian Journal of Psychology, 53*(6), 523-527.

Knoll, N., Scholz, U. & Rieckmann, N. (2005). *Einführung Gesundheitspsychologie.* München; Basel: Reinhardt.

Lane, A. M., Devonport, T. J., Milton, K. E. & Williams, L. C. (2003). Self-efficacy and dissertation performance among sport students. *Journal of Hospitality, Leisure, Sports and Tourism Education, 2*(2), 59-66.

Lane, J. & Lane, A. (2001). Self-efficacy and academic performance. *Social Behavior and Personality: an international journal, 29*(7), 687-693.

Lazarus, R. S. & Folkman, S. (1984). *Stress, Appraisal, and Coping.* New York: Springer Publishing Company.

Lazarus, R. S. & Folkman, S. (1987). Transactional theory and research on emotions and coping. *European Journal of Personality, 1*(3), 141-169.

Leavy, R. L. (1983). Social support and psychological disorder: A review. *Journal of Community Psychology, 11*(1), 3-21.

Matthews, G., Deary, I. J. & Whiteman, M. C. (2003). *Personality traits.* Cambridge: University Press.

Meier, S., McCarthy, P. R. & Schmeck, R. R. (1984). Validity of self-efficacy as a predictor of writing performance. *Cognitive therapy and research, 8*(2), 107-120.

Multon, K. D., Brown, S. D. & Lent, R. W. (1991). Relation of self-efficacy beliefs to academic outcomes: A meta-analytic investigation. *Journal of Counseling Psychology, 38*(1), 30.

Peters, E., Spanier, K., Radoschewski, F., Mohnberg, I. & Bethge, M. (2015). Soziale Unterstützung als Ressource für Gesundheit und Arbeitsfähigkeit. *Das Gesundheitswesen, 77*(08/09), A380.

Prat-Sala, M. & Redford, P. (2012). Writing essays: Does self-efficacy matter? The relationship between self-efficacy in reading and in writing and undergraduate students' performance in essay writing. *Educational Psychology, 32*(1), 9-20.

Renneberg, B. & Hammelstein, P. (2006). *Gesundheitspsychologie.* Berlin Heidelberg: Springer.

Schröder, K. (1997). Persönlichkeit, Ressourcen und Bewältigung. In R. Schwarzer (Hrsg.), *Gesundheitspsychologie: Ein Lehrbuch.* Göttingen: Hogrefe Verlag.

Schröder, K., Schwarzer, R. & Konertz, W. (1998). Coping as a mediator in recovery from cardiac surgery. *Psychology and Health, 13*(1), 83-97.

Schwarzer, R. (2002). *Gesundheitspsychologie von A bis Z: ein Handwörterbuch.* Göttingen: Hogrefe.

Schwarzer, R. (2004). *Psychologie des Gesundheitsverhaltens: Einführung in die Gesundheitspsychologie.* Göttingen: Hogrefe

Shell, D. F., Murphy, C. C. & Bruning, R. H. (1989). Self-efficacy and outcome expectancy mechanisms in reading and writing achievement. *Journal of Educational Psychology, 81*(1), 91.

Smith, T. W. & Williams, P. G. (1992). Personality and health: Advantages and limitations of the five-factor model. *Journal of Personality, 60*(2), 395-425.

Stadler, P. & Spieß, E. (2003). *Mitarbeiterorientiertes Führen und soziale Unterstützung am Arbeitsplatz*. Dortmund: Bundesanstalt für Arbeitsschutz und Arbeitsmedizin.

Suls, J. & Rittenhouse, J. D. (1990). Models of linkages between personality and disease. *Personality and Disease*, 38-64.

Troger, H. (2019). *7 Erfolgsfaktoren für wirksames Personalmanagement: Antworten auf demografische Entwicklungen und andere Trends*. Wiesbaden: Springer Fachmedien.

Udris, I. & Rimann, M. (2000). Das Kohärenzgefühl: Gesundheitsressource oder Gesundheit selbst? Strukturelle und funktionale Aspekte und ein Validierungsversuch. In H. Wydler, P. Kolip & T. Abel (Hrsg.), *Salutogenese und Kohärenzgefühl. Grundlagen, Empirie und Praxis eines gesundheitswissenschaftlichen Konzepts* (S. 129-148). Weinheim: Juventa.

Ulich, E. & Wülser, M. (2015). *Gesundheitsmanagement in Unternehmen: Arbeitspsychologische Perspektiven* (Bd. 6). Wiesbaden: Springer Fachmedien.

Viswesvaran, C., Sanchez, J. I. & Fisher, J. (1999). The role of social support in the process of work stress: A meta-analysis. *Journal of Vocational Behavior, 54*(2), 314-334.

Vollmann, M. & Weber, H. (2011). *Gesundheitspsychologie*. Konstanz: Bibliothek der Universität Konstanz.